AF247966

ÉLOGE

DE

MONTESQUIEU.

ÉLOGE

DE

MONTESQUIEU.

.... Videbit & irascetur, dentibus suis
fremet & tabescet.

PSEAUM. CXI.

A LONDRES,

De l'Imprimerie de JOSEPH DE BOFFE.

M. DCC. LXXXVI.

ÉLOGE
DE MONTESQUIEU.

. . . . Videbit & irascetur, dentibus suis
fremet & tabescet.

PSEAUM. CXI.

DEPUIS trois ans, une Académie de Province a proposé, aux Gens de Lettres, de louer Montesquieu. C'étoit proposer de peindre & d'apprécier le génie & l'ame de ce grand Homme.

Je vais entreprendre cette tâche délicate & profonde. Je sens la nécessité d'observer, en parlant de Montesquieu, ce que lui-même il s'attacha à observer, lorsqu'il eut l'assurance de soumettre le Gouvernement d'*un seul* à son examen impartial & attentif. Je veux dire, que je vais marcher rapidement, à grands pas, & dessiner à hachures fortes & prononcées.

Si je n'avançois qu'en détail & avec lenteur dans cette critique carriere, il seroit possible

A

qu'on me prêtât des intentions, & qu'on me cherchât des torts.

Ceux de nos Concurrens, qui ne s'attacheront pas avec fortitude & liberté, à l'entiere vérité, pourront faire des discours plus élégans & plus symmétriques; mais ces discours attesteront qu'ils n'ont pas senti Montesquieu, & qu'il a surpassé leur pouvoir de le peindre.

Quand il s'agit de louer des hommes tels que Montesquieu, ô intrépide Vérité! toi seule est l'éloquence; le reste est phrases retentissantes & rhétorique oiseuse.

Que l'on ne soit point étonné de ne rencontrer, dans ce qui va suivre, pas une seule anecdote de la vie privée du Président de Montesquieu : c'est son génie qu'on y aura en vue. Passé à l'infaillible creuset du Temps & de l'Impartialité, lorsqu'en dernier résultat le génie d'un mortel est jugé pur & vrai; toujours il suppose essentiellement la vertu dans celui qui en fut doué. Commençons.

A la voix du Créateur, la lumiere jaillit des ténebres; comme un manteau resplendissant, elle investit, elle pénétra la Nature. Ce fut après que le Créateur l'eut fait éclore, qu'il fit l'Homme; & les premiers regards de ce Roi de la Nature se porterent sur le spectacle de l'univers, qui devint son domaine.

Avec l'intelligence & la raison, l'homme reçut alors du Créateur, la faculté, pour ainsi

3

parler, de créer lui-même dans l'univers intellectuel & moral. Ce fera fans doute, surtout en parlant de l'homme de génie, que je n'abuferai point du droit d'entamer & de donner fon plein développement à ce parallele.

S'il eût plû à l'Eternel, par un renversement dans les libres décrets de la création, d'imprimer à l'homme la penfée, le fentiment & la vie organique, dans les momens où les ténebres rempliffoient encore l'efpace créé ; par rapport à la foibleffe de l'organifation dont fa main venoit de douer la Créature, il eût évidemment été néceffaire que cette main fage & bienfaifante n'eût laiffé réfléchir, fur fes yeux périffables & frêles, que les rayons d'une clarté graduelle & ménagée.

Mais de ce que la fupréme volonté du Créateur eût mis cet autre ordre dans fes œuvres, la raifon de l'homme auroit-elle eu le droit d'inférer que l'Auteur tout-puiffant d'une lumiere croiffante & progreffive, n'auroit pas eu la puiffance de tirer tout-à-coup du néant des chofes, le jour & l'affemblage des Corps céleftes, qui, dans tous les Mondes, le font briller dans fa plus grande intenfité ?

Image, dans la fphere de fes conceptions & de fes idées, de la toute-puiffance créatrice, foit à l'égard du petit ou du haut vulgaire de fes femblables, il faut que l'homme de génie imite l'indulgence bienfaifante de fon modele : aux intelligences enfevelies dans les ténebres antiques des superstitions fanatiques & des politiques impostures, il doit des lueurs, adroitement & doucement préparées, du crépuscule des sciences & des vérités contraires. Ce n'est qu'en y accoutumant peu à peu leurs regards, qu'il peut les disposer à soutenir les rayons éblouissans de leur midi.

Éclairés & inspirés l'un par l'autre, ainsi durent marcher, ainsi, en effet, ont marché, par rapport à son siecle & à ses Compatriotes, l'esprit sublime & souple, & le cœur sensible & chaud du Sage que j'ai entrepris de louer.

La morale réciproque & générale, la morale publique & commune, soit au-dedans, soit entre les sociétés que les hommes civilisés forment les unes auprès des autres, sur la terre; voilà ce que les Philosophes nomment *politique.*

Après plusieurs siecles de barbarie & de délires, durant lesquels la *politique* des Philosophes avoit été méconnue, oubliée; & malheureusement remplacée par les atrocités systématiques de la tyrannie & les augustes tracasseries de l'intrigue, parmi des Princes méfians & inquiets; la tâche sublime & difficile de Montesquieu fut de créer, pour ainsi dire, la politique de nouveau.

Ce grand Homme même, se vouoit à cette entreprise critique, non pour de dociles humains que la régénération subite & effective de leurs ames mettroit dans le cas d'adopter

avec empreſſement ſes maximes frappantes &
pures ; mais pour des générations aſſervies
par des mépriſes habituelles, hébétées par des
préoccupations conſacrées, qui, au contraire,
ſeroient dans celui de détourner leurs regards
& de boucher leurs oreilles.

Sous des climats nouvellement habités, &,
ſi on veut bien me paſſer la métaphore, moralement & politiquement *Vierges*, qu'eût
produit, qu'eût fait le génie de Monteſquieu
légiſlateur ? Peut-être le Sage le devinera, en
approfondiſſant bien tout ce que fit ce génie
ſouple & puiſſant, pour accoutumer à la lumiere,
des yeux faſcinés par des ſiecles d'illuſions &
de ténebres.

Grandeur, force intrinſeque de l'intelligence
ſupérieure de cet homme immortel, précau-
tions, adreſſes impoſées par une prudence néceſſaire & par le deſir généreux de préparer,
du moins pour des âges éloignés, les biens
ineſtimables de la juſtice & de la liberté ; c'eſt
ce qu'un eſprit juſte & attentif ſaiſira dans
chacun en particulier, & dans l'enſemble des
Ecrits de ce Magiſtrat-Citoyen. Ces deux
points de vue ſous leſquels je vais le conſi-
dérer, ſe produiront d'eux-mêmes, à chaque
page du tribut libre d'éloges que je me pro-
poſe de payer à ſon impoſante mémoire.

Quel ſpectacle moral & politique la fin du
dix-ſeptieme ſiecle offroit-elle, en France, au
petit nombre de mortels capables de ne pas être

éblouis par le clinquant des fauſſes grandeurs
& par l'enflûre de ces avantages d'oſtentation,
de qui le propre eſt de déguiſer aux Nations,
& ſur-tout aux Nations vaines, leur néant réel
ſous des apparences décevantes ?

Dès cette époque, aſſurément les eſprits d'une
trempe ferme & ſolide diſcernoient, comme
un petit nombre de Sages a continué à diſ-
cerner depuis, des circonſtances plus bril-
lantes & plus faſtueuſes que proſperes, de notre
exiſtence politique. Peut-être même quel-
ques-uns de ces bons eſprits alloient juſqu'à
calculer les commencemens, les progrès & la
conſommation de l'inévitable décadence, qui
en amenera la régénération.

Au milieu de l'éblouiſſante exploſion de tous
les beaux Arts, fantôme trompeur de la félicité politique, lorſqu'il n'eſt point l'acceſſoire
& la conſéquence ſimple & naturelle d'une
civiliſation ſolide & parfaite ! A travers les
progrès & les chefs-d'œuvres de ces arts exa-
gérés par la vanité nationale, les illuſions de
cette vanité, l'aveugle engouement des prétentions qu'elle ſatisfait & qu'elle excite par
ſes ſuggeſtions, faiſoient dédaigneuſement &
follement abandonner, à des voiſins méconnus
& mal appréciés, la culture approfondie &
profitable des connoiſſances graves & utiles,
dont le caractere eſt de familiariſer l'homme
ſocial avec ſa propre raiſon.

Sous les faſtueuſes influences d'un Monarque

heureux & magnifique, le François avoit cultivé les fleurs de ces arts séducteurs; mais par paresse, par dédain, ou par légereté, il n'appercevoit point germer ailleurs la liberté; cette liberté qu'il traitoit & qu'il traite encore souvent de chimere! & les richesses qui ne s'accumulent & ne se conservent que sous ses auspices, vrais fruits & indices assurés de la solide sagesse publique!

Alors même, ce François inconsidéré eût inexorablement traité de sacrilege ou de détracteur tout au moins, des dons caractéristiques d'une Nation aimable & ingénieuse, celui qui auroit élevé le flambeau de la sévere Raison, au sein de la profonde nuit des méprises politiques & civiles, flatteuses, erronées, que tout un siecle de calamités & de défaites, révolu depuis, a peine à lui faire reconnoître.

Osons envisager un peu plus en détail, & avec une franchise digne du Héros de cet Eloge, le tableau des nuages & de la confusion dans lesquels étoient, pour ainsi dire, abîmées les raisons *individuelle, sociale & publique*, lorsqu'il osa se lever pour les dissiper.

Des Docteurs infatués, par crédulité ou par intérêt, du délire ardent & atrabilaire de ces questions métaphysiques du dogme, à l'occasion desquelles l'animosité & l'aigreur des partis font perdre de vue la morale, partie de la religion la plus essentielle puisqu'elle eſt la baſe de la tranquillité & de la félicité ſociale ; des interprétes de loix verſatiles, détournés de l'eſſence de leurs devoirs, diſtraits du fonds de l'équité, en contradiction perpétuelle avec le vœu manifeſte de leurs dignités, par l'effet de ce reſpect ſuperſtitieux pour les formalités qui traveſtiſſent en Sophiſte le ſimple Juriſconſulte, & qui font mentir le Juge à ſa conſcience & aux lumieres de la juſtice innée, dont l'uſage n'eſt plus permis qu'aux arbitres ; des Nobles à qui l'honneur tenoit lieu de toutes les regles, & la bravoure lieu de toutes les vertus ; des Courtiſans ſortis du ſein de cette nobleſſe, dégénérée néceſſairement de ſes principes précédens par l'empire de circonſtances & d'intérêts nouveaux ; Courtiſans de plus en plus promptement dégradés eux-mêmes, par les beſoins fantaſtiques & multipliés dans une Cour où les hommages étoient plus comptés que les talens & les vertus ; Courtiſans détachés de leur utile orgueil héréditaire par la néceſſité d'y paroître en même-temps avec ſoupleſſe & avec pompe, avilis, par cette double néceſſité, au point de protéger, de careſſer, de briguer même l'alliance de ces Publicains ſang-ſues des Peuples, de qui ces riches larcins pouvoient les aider à redorer les chaînes de leur ſervitude : ces Publicains eux-mêmes, déjà ſur les routes aſſurées & néceſſaires d'une importance & d'un aſcendant que le concours de toutes les circonſtances ſociales promet-

toit aux richeſſes ; d'une part, vampires de
la multitude, vampires encore, d'une autre
part, du *pouvoir abſolu* que ſa pareſſe, que
ſon incapacité habituelle, ou, au pis aller, les
diſtractions de ſon ambition livroient à leurs
adreſſes ; la maſſe des ſujets récemment échappée
des convulſions & des fers de l'eſclavage féo-
dal, ne ſe figurant être heureuſe que parce
qu'elle ignoroit encore qu'il pouvoit exiſter,
& qu'en effet il exiſtoit ailleurs, dans la vie
ſociale, un intervalle conſtitutif bien plus grand
que celui du *Serf* au *Sujet ;* je veux dire l'intervalle du *Sujet* au *Citoyen.* Sujets infortunés !
Sujets enivrés & ſéduits durant les années
d'un long regne, par le clinquant d'un faſte
ſans bornes, par celui des conquêtes, qui,
faites aux dépens de leur ſang, de leur ſubſiſ-
tance & de leur repos, ne pouvoient, à l'ave-
nir, être maintenues qu'aux dépens encore de
tous trois ! Dans ce qu'il plaiſoit à la frivole
vanité d'une Nation, à peine échappée à la
groſſiereté & à la barbarie formelle de ſes aïeux
ignares, d'appeller *Empire des Sciences & des
Lettres,* quelques hommes tout-à-fait étran-
gers, ou tout au plus ſyſtématiques & roman-
ciers dans les parties de cette carriere, où la
ſeule vérité ſimple, préciſe, démontrée eſt
le terme raiſonnable, & peut conſtituer, dans
celui qui l'atteint, un mérite réel & tranſcen-
dant ; une foule d'Artiſtes & de Poëtes, pré-
férés aux Savans, parce que l'eſprit n'avoit

été entraîné que vers le luxe & les plaifirs ; & parce que ceux-ci ayant plus befoin de l'imagination que de la raifon, n'encouragent & ne couronnent que les travaux de la *faculté* qui les fert.

Tranchons : ayons l'affurance de dire, avec une vérité fuffifamment atteftée par les réfultats moraux & politiques de ce fiecle faftueux : beaucoup d'efprits faux & féduits par de grands *riens*, par d'éclatans preftiges ; point de Citoyens, d'innombrables fanatiques ; peu d'hommes, & pas un feul vrai Philofophe. Tels étoient, fous tous leurs rapports, au fein d'une politeffe qui fut, non un contrafte réel à la barbarie précédente, mais un vernis qui la couvroit ; tels étoient, dis-je, les humains que trouvoit à défabufer & à inftruire le génie, qui, du cahos de leurs erreurs en matieres politiques, a fait éclore l'*Efprit des Loix*.

Ces préoccupations enracinées, ces vertiges, univerfels, préfentoient, s'il eft permis de le dire, à Montefquieu, un hydre de qui les têtes bruyantes & multipliées recevoient plutôt une fatigante activité qu'une réfiftance plus aifée à vaincre, de toutes les impreffions des coutumes, de toutes les rêveries de la vanité, & par-deffus tout, d'une teinte particuliere & conftante de caractere, qui, parmi nous, met les individus hors de portée des traits de la raifon ; teinte de caractere faite pour juftifier l'opinion, peut-être exagérée, du grand

Homme dont je parle, fur les influences di-
verfes des climats fur les humains par qui ils
font habités.

Il eft, vers les fuccès éphémeres, une route
aifée à fuivre, &, par malheur, trop communément fûre pour arriver au but : auffi le mé-
diocre talent, le bel efprit, en même-temps
fuperficiel & fouple, la reconnoiffent & la
faififfent d'abord; & par elle, ils atteignent à
la petite palme, prompte à fe flétrir, que leur
vanité ambitionne; c'eft de ne jamais faire que
fe plier aux préjugés favoris des lieux, aux
vertiges des temps, aux prétentions les plus
exorbitantes des perfonnes; de les confacrer
par de brillans fophifmes & par ces adreffes
careffantes de l'efprit toujours certaines d'être
accueillies.

Indépendant & altier dans fa marche, le
génie, au contraire, dédaigne tout triomphe
facile & furpris; il abjure les preftiges qui
feroient propres à le lui affurer : certain de fes
forces & de la vérité qui feule peut l'exciter
à les déployer, il s'éleve au milieu de tous
fes concurrens; il plane avec fierté au-deffus
des humains qui l'entourent & de l'âge où il
vit. De cette hauteur, il fait luire une clarté
inaltérable & pure comme la raifon effentielle
dont elle émane, affurée d'entraîner & de fub-
juguer comme fa fource & fa caufe productrice.

Mais envain ce génie libre & fier fe place-
roit ainfi au-deffus des vulgaires intelligences;

fon triomphe relatif & utile ne pourroit jamais avoir lieu, fi les yeux du grand nombre ne pouvoient ou même ne vouloient pas s'élever & s'arrêter fur les lumieres qu'il produit.

Si la frivolité, fur-tout, cette frivolité qui, plus que tout autre caractere, rend les Peuples à la fois infenfibles & fourds aux appas du bonheur & à l'opprobre de l'ignorance, eft malheureufement le principe qui diftrait toutes les attentions communes & privées; cet obftacle au fuccès du génie bienfaifant, eft, fans nulle comparaifon, plus grand que tous ceux qu'auroient intérêt de lui oppofer la main de fer du Defpotifme & la voix forcenée de la Superftition; ces derniers fuffent-ils venus à bout d'enchaîner, par l'effroi, tous les regards vers la terre.

Porté, par la générofité de fon ame énergique & bonne, par l'activité de fes conceptions, au-deffus de la fphere de fes compatriotes & de fes contemporains, le Préfident de Montefquieu a rencontré, entre leurs foibles yeux & les lumieres qu'il vouloit y verfer, le premier & le plus grand de ces obftacles: mais le généreux Montefquieu ne crut pas leur devoir moins, pour cela, les réfultats de fa fupériorité naturelle & de fa fupériorité acquife.

M. Necker. Ainfi, il y a peu; un génie vafte & bienfaifant, en expofant en traits purs & immortéls, des vérités politiques-pratiques, aux regards louches & interdits de l'intrigue & des vices, n'a point, en dépit de leur frémiſſement & de leur rage, ſupprimé ſes utiles oracles : il a plaint le Prince & la Patrie ; & il a tourné ſes yeux vers une poſtériré que la continua-tion des calamités publiques inſtruira, aux dé-pens de la génération actuelle, à les mettre à profit !

Réſolu de parvenir, chez ſes concitoyens, juſqu'à l'imperceptible ſanctuaire de leur raiſon, Montefquieu ſentit que, pour le reconnoître & pour s'en ouvrir l'accès, il falloit ſur-prendre, il falloit ſéduire, en quelque ſorte, cette frivolité qui la cache & qui la tient per-pétuellement errante ou aſſoupie. Les dons ſu-blimes que ce grand Homme tenoit de la Na-ture, leur développement plein & vigoureux, opéré par cette ſeconde éducation que le génie, briſant les liſieres du pédantiſme, ne prend, dans le monde, que de ſoi-même ; ces voyages faits en obſervateur attentif, ſeuls capables de donner la conſiſtance néceſſaire aux lumieres acquiſes dans la ſolitude du cabinet, par une utile & modeſte communication avec des Etran-gers & des rivaux qu'une humiliante expé-rience fait aujourd'hui plus univerſellement apprécier ; ces autres voyages encore que, porté ſur les ailes du Génie, le Préſident avoit fait dans la Grèce philoſophe & politique, dans Rome ancienne, libre, eſclave, conquérante, aſſervie & détruite ; les faits des Nations anciennes & modernes, comparés & mis en parallele avec fagacité & profondeur; les corollaires folides & démontrés qu'il tiroit de toutes ces chofes, pour en faire les bafes de fa théorie de l'art fublime de régir les grandes fociétés & de leur procurer le bonheur; tout cela, Montefquieu le favoit, tout cela eût été rapproché, développé en pure perte pour nous, fi, avant de tenter de nous élever à fa propre hauteur, il ne fe fût plié, du moins en apparence, à notre légereté & à notre foibleffe.

A une Nation qui ne peut être ramenée à la fageffe que par l'amufement & les graces, le fage Magiftrat comprit qu'il falloit montrer ces graces attrayantes & ces amufemens féducteurs; il prévit qu'il étoit impoffible d'obtenir autrement qu'à force d'efprit, de fraîcheur & de nouveauté d'efprit, la confiance d'un Peuple qui s'en attribue plus que tous les autres.

C'eft dans cette perfuafion, que, renfermant encore en lui-meme la profondeur de fes penfées & le fecret du terme vers lequel il vouloit avancer, fa main traça, en traits de feu, l'amour délicat, & enlaça le myrthe & le laurier autour du temple de Guide. Prefque en meme-temps, fes *Lettres Perfanes* fervoient à difpofer doucement les foibles & fillantes paupieres à recevoir d'abord, enfuite à chérir & à chercher la clarté des idées libres & nerveufes dont il y déguifoit quelques lueurs. Ainfi, l'intérêt du grand Ouvrage deftiné à faire, avec le temps, tomber tout-à-fait le bandeau, se préparoit & s'assuroit par celui que devoit inspirer l'Ecrivain de la Nation, qui auroit le mieux su faire sourire la raison & toucher les ressorts du sentiment.

Mais en osant s'ouvrir ainsi des routes vers le sanctuaire de cette droite & saine raison, négligée, depuis Montaigne, pour cette imagination trompeuse, de qui l'attribut est d'altérer tous les objets, le sage Montesquieu ne put éviter d'allarmer & d'indisposer ce fanatisme jaloux, de qui l'œil louche apperçoit révolte, impiété, par-tout où il ne retrouve plus lâche & passive dépendance de ses illusions & de ses impostures, & conformité aveugle à ses excès & à ses fureurs.

A force d'absurdités & d'égaremens, heureusement cet ennemi ténébreux de l'humanité & des lumieres, avoit dès-lors perdu de sa force & de son ascendant. Un Maître heureux, surnommé Grand par la flatterie, avant qu'il ne l'eût mérité par les traits de fortitude qu'il déploya dans l'adversité & par l'abjuration formelle des vanités qui l'avoient ébloui; un Prince de qui le premier orgueil & les préjugés anciens contredits, eussent peut-être suggérés la proscription d'un Magistrat qui fit la gloire de la Patrie; ce Prince, dis-je, n'étoit plus!

L'esprit *inquisiteur*, que, durant les longs jours de sa fausse & préjudiciable gloire, il avoit eu la foibleffe & le malheur d'écouter, ne fit que des efforts peu foutenus & impuif-fans, pour calomnier & pour atteindre le Phi-lofophe, pere d'Ufbec (1).

Montefquieu guettoit ; il tâtoit, avec la fupériorité du génie & la chaleur active & concentrée du patriotifme & de la philan-tropie, le point de maturité des efprits ; il fentit que le moment étoit arrivé, où il pou-voit, avec fûreté & avec quelque fruit, ou du moins avec un peu d'efpoir, initier un petit nombre d'hommes moins ignorans & moins diftraits, dans l'utile & grand fecret des limites néceffaires du pouvoir & des bornes raifon-nables de la liberté, dans celles encore de la grandeur poffible & de l'inévitable décadence des Empires.

Ce grand Homme en expofa les moyens & les principes, dans l'origine, les accroiffemens, les triomphes & l'abaiffement alternatifs de Rome, dans fa ruine & fon anéantiffement. Ce livre devint celui des Sages, & il devroit être l'un du petit nombre de ceux des Légiflateurs & des Souverains.

Content du fuccès de ce premier effort, pour foulever fa Patrie des longues ténebres, dans lefquelles tant de fiécles d'ignorance, de dé-lires, de défuétude de penfer, l'avoient tenue en-fevelie, fimple & modefte ; comme eft toujours

______

(1) Principal perfonnage des *Lettres Perfanes*.

le

le génie véritable, celui de Montesquieu se per-
suada, qu'afin d'être plus irrésistiblement con-
vainquant & plus certainement utile à autrui,
il étoit nécessaire qu'il alla encore s'exercer auprès des deux nations voisines les plus avancées
dans les voies de la Civilisation.

Parvenu à un âge mûr, à l'exemple de Solon,
Montesquieu se fit un plan d'apprendre & de
surprendre leur prudence & leurs erreurs, au
sein même de ces nations. Il passa un assez
long-temps en Hollande; & il s'arrêta en Angleterre deux années entieres.

Une grande Princesse, protectrice par goût
des grands talens, des sciences & des arts, à
qui les malheurs du sang dont elle étoit sortie,
avoient inspiré le respect pour les loix & pour
la liberté, régnoit alors dans cette Isle fameuse.
A cette époque pacifique & glorieuse de l'Angleterre, l'étonnant Magistrat Français eut occasion de bien approfondir l'esprit, la justice
& les caractères certains de cette liberté, les
arrangemens & les ressources de cette économie
publique, riche de la juste confiance encore
plus que des trésors des citoyens; qui n'en sauroit
jamais être une sous les influences repoussantes
du pouvoir arbitraire, & qui se maintient &
s'accroît au contraire entre la liberté & l'au-
torité qu'elle maintient à son tour.

Montesquieu y étudia encore, dans ses causes
& dans ses effets, l'esprit de patriotisme qui
résulte de la balance visible & sacrée de tous

La Reine
Anne.

B

les intérêts; celui du commerce & de l'induſtrie qui n'émanent pas moins de cette liberté, & qui, ſous ſes auſpices, ont leur activité la plus complette & la plus ſoutenue.

Un homme plus célebre, tant qu'il a vécu, que probablement il ne le ſera dans l'opinion de l'impartiale poſtérité, a loué Monteſquieu, en académicien bien plus qu'en vrai ſavant, qu'en citoyen & qu'en homme.

Mais cet Académicien jamais n'a eu aucune connoiſſance des Maîtres de qui un auſſi puiſſant génie avoit ſucé ſa plus grande ſagacité & ſa plus vive énergie. Dans Plutarque & dans Tite-Live, Monteſquieu n'avoit pu découvrir que les traces des mépriſes des Légiſlateurs, & celles des fautes des Chefs de Rome & de la Grece. Mais Machiavel, Harrington, génies immortels! hommes calomniés pendant leurs vies, & auſſi-long-tems après leurs morts, que la nuit ſombre des préjugés prévalut, Machiavel, Harrington, avoient ouverts d'autres ſources plus profondes & plus pures. Monteſquieu y découvrit des principes interdits par les tyrans ſoupçonneux & timides, aux eſclaves qui, d'un bout à l'autre de l'Europe, depuis plus de dix ſiecles, avoient tremblé, ſur la parole d'impoſteurs intéreſſés, d'y arréter la vue.

Quiconque, à l'exemple de Monteſquieu, a franchi la ſphere étroite & brillantée des ouvrages d'une nation qui, juſqu'à cette époque n'a eu encore que des Poëtes & des Littérateurs, & chez qui Montefquieu lui-même fut le premier Philofophe ; quiconque a conçu & médité attentivement le profond Harrington, reconnoîtra, fans que *l'Auteur de l'Efprit des Loix* perde rien de fon admiration & de fon eftime, à quel point le plus moderne de ces deux génies extraordinaires, dût fon parfait développement à celui qui l'avoit dévancé.

Même un léger effort de réflexion fur le caractère des malheurs de l'illuftre Anglais, fera deviner à un efprit jufte, pourquoi le Préfident de Montefquieu, fi ardent à faifir les lumieres que l'ouvrage d'Harrington lui offroit, fut en même tems fi réfervé & fi circonfpect à n'en pas défigner la fource.

Peut-être auffi l'efprit de philofophie pourroit, avec quelque fondement, adopter une conjecture propre à établir un trait de conformité de plus, entre ces deux grands Maîtres de l'art du gouvernement. Placé, dans les circonftances où fut en Anleterre James Harrington, l'immortel Magiftrat de Guyenne, auroit eu les mêmes idées que lui ; il eût fait des écrits femblables & très-vraifemblablement fubi un fort pareil à celui du *Gentilhomme* de l'infortuné Charles I (1).

____

(1) *Voyez* Calypfo ou les Babillards, tom. 3, n° 49, pag. 313 & fuiv. Ces feuilles préfentent un fommaire de la vie & quelques idées des Ouvrages du célebre James-Harrington. Cet homme illuftre étoit Gentilhomme du Roi Charles Ier d'Angleterre : il fuivit fon Maître

Le grave & profond Harrington, né, comme Montesquieu, en Guienne, un siécle plus tard, dominé par l'esprit & participant involontairement au caractère nationnal dont l'influence, en tous lieux, commande plus ou moins le sage, eut suivi les mêmes routes, & rempli le même personnage que l'illustre Montesquieu.

Quand celui de ces deux grands Hommes qui naquit le premier, parut en Angleterre, l'oppression, monstre à triple téte, comme le Cerbere de la Fable, avoit communiqué sa rage aux mortels, ou les tenoit glacés d'horreur & d'effroi. Si on veut bien nous permettre l'allégorie, ces trois têtes, élevées sur un col d'airain, étoient l'orgueil, la violence & la superstition. Comme Alcide, Harrington frappa sur toutes les trois ; il abattit & enchaîna le monstre. Dans un autre tems, sous de meilleurs auspices, Montesquieu, semblable à Énée, trompa sa féroce vigilance & l'assoupit. Mais l'un & l'autre rapporterent & mirent au grand jour les horribles secrets de l'antre, dont il vouloit défendre l'approche, & où il s'enivroit du sang de ses proies.

Un rapport de motifs & d'opinions entre ces deux bienfaiteurs du genre humain, si grand

---

jusques sur l'échafaud, & fut ensüite persécuté avec un acharnement & une barbarie incroyables, sous le regne de Charles II, par les instigations des flatteurs de ce Prince.

au premier coup-d'œil, n'en a pas exclu un
trait d'oppofition très-propre à arrêter dans ce
parallele.

A l'exemple de tous fes concitoyens, &, à
ce qu'il eut du moins l'air de croire, conformé-
ment aux principes de tous les anciens, Montefquieu admit, dans la théorie politique, trois
efpeces diftinctes de gouvernemens fimples &
radicaux, de qui les modifications & les mé-
langes produifoient, fuivant lui, toutes les
conftitutions mixtes.

Le Philofophe Anglais, n'admit que deux fortes
de gouvernemens fondamentaux & originels :
celui d'un feul ou de plufieurs ; d'un maître
unique fur la nation, &, par repréfentation plus
ou moins jufte & fuffifante, de la nation fur
elle-même.

Harrington affirma, foutint, il tâcha de
démontrer, quelques perfonnes mêmes fe figu-
rent qu'il a completement démontré, que le
Gouvernement monarchique, tel qu'il eft communément défini, n'eft qu'un être de raifon,
une chimere impofante qui fert à abufer les
peuples, & dont les cœurs & les efprits des
bons Princes fe perfuadent eux-mêmes, pour
ainfi dire par habitude & fans s'en appercevoir,
la réalité, tandis que leurs agens perfides, chaque
jour, en manifeftent l'impofture.

Jamais Montefquieu, à beaucoup près, ne tint
ce langage ; mais lifez fes ouvrages, comparez,
méditez bien tout ; percez les furfaces, pénétrez

écartez les ménagemens; fur-tout faififfez les
réfultats effectifs; peut-etre ferez-vous induit
à conclure que Montefquieu penfa auffi-rigou-
reufement que Harrington.

Par rapport à autrui, Montefquieu careffa
ce fantôme de la politique, dans un âge, où,
par-tout, dans l'opinion, il avoit pris; & s'étoit
affuré, par la force, le pas fur les inftitutions
réelles & fenfées; & c'eft d'après cette réflexion
fur-tout, que je répéterai, avec confiance:
qu'au fein de la France foumife & paifible, par
une politique perfonnelle néceffaire, ou par une
illufion affez naturelle, Harrington eut penfé,
ou du moins qu'il eut écrit avec les mêmes ref-
trictions que *l'Auteur de l'Efprit des Loix.*

Cet Anglais, tint pour maxime fondamen-
tale, qu'aucune conftitution politique, ne pou-
voit être faine, durable & bien affife, à moins
qu'elle n'eut pour effets néceffaires comme pour
baze, la juftice invariable du Gouvernement,
la fatisfaction & le *bienvouloir* des Citoyens;
& que ceux-ci ne pouvoient être les fruits que
de la *Vertu publique*, obfervée & maintenue
dans fon dégré le plus éminent & le plus
affuré.

Il s'en faut bien qu'un principe auffi pur &
auffi lumineux ait jamais été ouvertement con-
tredit par notre Montefquieu : fi ce principe
n'eft point la raifon, il eft du moins le pré-
texte de toute conftitution. Sans l'avoir au
fond du cœur, la tyrannie la plus outrée lui

rend hommage, en l'ayant toujours elle-même à la bouche, & en l'affichant avec affectation fur les préambules de tous fes décrets contradictoires & capricieux.

Montesquieu s'eft bien gardé de caractérifer, dans cette bouche odieufe & effrayante, une femblable affectation, d'impofture effentielle & utile : mais en éludant ce développement critique, on fent que fon génie, par des circuits prudens & qui n'échappent pas à qui fait lire, avance vers toutes les preuves explicites & enveloppées, de l'incompatibilité abfolue de la tyrannie formelle avec la juftice & les profpérités publiques.

Montesquieu, le circonfpect Montesquieu lui-même, confacra un axiome : ce fut que, hors des démocraties pures ou mixtes, la *vertu publique* n'étoit qu'un vain nom & un reffort nul & chimérique. A des hommes prévenus & armés contre cette vérité par leurs habitudes, par leur impéritie, par la vanité qui l'entretenoit, Montesquieu pouvoit-il, devoit-il en développer toutes les conféquences ? Et le petit nombre des mortels qui, parmi eux, étoient d'un efprit affez réfléchi & affez mûr pour aller au-devant d'elles, avoient-ils befoin que Montesquieu les préfentât toutes ?

Il eft, dans les Monarchies, une illufion invétérée & prefque générale, qui, à côté des plus intarifables calamités, y domine toutes les ames qui ont moins de lumieres que de fenfibilité & d'enthoufiafme. Cette illufion, c'eft de fe perfuader qu'il foit humainement poffible que cette *vertu publique*, caufe & préfervatrice du bonheur focial, trouve d'autant plus fûrement un afyle dans le cœur des Rois, que l'intérét de la gloire & celui de la félicité perfonnelle des Monarques font de régner par elle.

Mais une intelligence jufte & ferme a-t-elle jamais pu confondre fincerement & de bonne-foi, un principe fûr, réel, néceffaire, effectif, telle qu'eft cette *vertu* dans les démocraties, avec une velléité feulement moralement préfumable, & prefque matériellement inefficace?

A côté du fondement & du mobile qui lui font affignés, un œil moins perçant, cent fois, que celui de l'aigle de Guienne, ne difcerne-t-il pas l'effrayant cahos d'obftacles qui s'accumulent pour empécher les Princes les plus heureufement nés, de reconnoître les vrais caracteres, & de jamais acquérir la plénitude de la vraie *vertu publique*?

Montefquieu eut, fous fes regards, quelques exemples de Souverains, qui, pour pourfuivre & pour atteindre cette *vertu*, étoient defcendus du Trône, & s'étoient arrachés aux délices & aux vanités de leur Cour : Montefquieu les avoit vu, après des courfes attentives & laborieufes, ne rapporter encore, à leurs Peuples furpris, qu'un imparfait fimulacre de cette vertu.

Un fage dût penfer, à plus forte raifon, que le Monarque, que l'adulation, pour ainfi dire, naturalifée autour de lui par la corruption des mœurs, que l'étiquette créé par la vanité de quelque ayeul fauffement grand, que l'adreffe, vile, lache, intéreffée des Satrapes parviennent à clouer fur le Trône, ne peut plus qu'y végéter dans une trifte & fatigante impaffibilité. Condamné à vivre, pour des peuples eux-mêmes nuls & fans énergie, dans cette ignorance héréditaire & invincible de tout ce qui leur convient, comme ces peuples infortunés le font à périr dans un denuement abfolu de tout ce qui leur feroit dû dans l'ordre focial, & de tout ce qui leur eft néceffaire dans l'ordre phyfique : ainfi, Montefquieu a dû fe le peindre, ainfi il fe le fera peint en verfant des larmes, & en détournant la vue.

O Montefquieu! O grand Homme! O Citoyen! Si vous euffiez vécu jufqu'à des jours plus éclairés; mais, hélas! plus déplorables! fans doute, votre grand cœur fe fût épanoui! peut-être même, en voyant un jeune Prince appeller auprès du Trône, un mortel d'un génie égal au vôtre, & de cette vertu qui en eft inféparable, vous euffiez héfité un inftant, & repouffé ce fyftême févere!

Plus auftere encore que vous ne fûtes, ô grand Homme! à l'afpect de l'illuftre mortel qui arrivoit à l'oreille des Rois, auffi-long-tems que je l'ai cru au-deffus des complots de la corruption, à l'abri des menées honteuses de l'intrigue, j'ai balancé; & j'ai mis avec joie, une réserve au dogme politique de l'inexorable Harrington.

Mais ce beau songe de cinq années, s'est évanoui! Trames exécrables du satrapisme vous avez été victorieuses! Votre funeste succès en a fait perdre jusqu'à la trace; & chaque jour vous écartez de plus en plus l'espoir de le revoir jamais servir de baze aux illusions d'une nation aimante & inconsidérée! Vous avez trop justifié le Philosophe Anglais; & c'est vous qui m'aidez à pénétrer le secret du grand Homme qui, parmi nous, marcha sur ses traces!

Mais les Coopérateurs vertueux & habiles de l'absolu pouvoir entre les mains d'un seul, ne seroient-ils pas plus communs, peut-être que les Princes eux-mêmes personnellement bienfaisans & éclairés?

L'homme né & élevé dans les conditions supérieures, le rejetton de ces races où le satrapisme est héréditaire, communément appellé aux grands postes actifs, s'il est vertueux, ne peut l'être, pour ainsi dire, que par dérogation. Celui qui, d'une condition inférieure, part sur les aîles de l'espoir & de l'ambition, pour arriver au timon des affaires; tandis qu'il sait, par l'histoire journalière de ses pareils, combien rarement les vertus & les lumieres menent au terme de tous ses vœux, sera-t-il tenté de les prendre pour ses guides & ses appuis?

Aux Princes eux-mêmes se présente une lutte interminable à surmonter, contre les faux principes, les orgueilleuses négligences de l'éducation de leur rang, la distance habituelle des objets, les délices & les prestiges dont on empoisonne leur jeunesse, dont on étourdit leur age fait, & dont leur précoce vieillesse est obsédée. Mais ceux, qui pour s'élever jusqu'à la confiance des Rois, & pour s'y maintenir, n'auront pu adopter avec succès, que les sentiers impurs & détournés de l'adulation & des manœuvres, ceux-là, dis-je, peuvent-ils manquer d'être encore plus pervers, plus souples, plus bas? & à qu'elle fin seroient-ils meilleurs & plus instruits que l'enfant qu'ils ont à amuser, que l'homme fait qu'il faut qu'ils égarent ou qu'ils distraient, ou le vieillard qu'ils ont à abuser?

En un mot, quel garant, dans l'un ou dans les autres, du bonheur public, qu'une équivoque vertu, que des qualités fortuites dans le tourbillon de tout ce qui peut & de tout ce qui doit les rendre inutiles, ou les altérer & les corrompre!

Seroit-ce le profond & vigoureux Montesquieu, qui jamais auroit été aveuglé au point de préférer les chances de ces vertus fortuites & sans raison, de ces lumieres insuffisantes & accidentelles, & de les mettre même en paralelle avec cette *vertu publique* nécessaire & motivée, qui, dans ses propres principes, est, tout-à-la-fois, la baze & le fruit des faines inftitutions démocratiques !

Jamais auffi, jamais *l'Auteur de l'Efprit des Loix* n'a hazardé de dire, que cette *Vertu publique*, foit de la part du maître, foit de celle des nobles, ou du peuple, put être le reffort actif permanent, ou même éventuel, dans aucune Monarchie. A une chimere auffi vivement fentie, auffi conftamment, auffi univerfellement démontrée, qu'a-donc pu fubftituer l'indulgent & adroit Montefquieu ? l'honneur.

Quoi ! cet honneur ! cet enthoufiafme d'une ame exaltée, & foutenue, non par fes propres principes, mais par les apparences & le reflet des principes & l'efpoir du fuffrage aveugle & capricieux d'autrui ! cet honneur qui, femblable à la juftice diftributive dans certains pays, tient a des formes impofantes fur un fond nul & arbitraire ! cet honneur, encore une fois, appellé, par Montefquieu lui-même, un équivoque & inexplicable talifman.

Au durable flambeau du firmament, à ce Soleil fixé au centre des mondes, par la main du Tout-puiffant, pour y éclairer tous les êtres, ne feroit-ce pas fubftituer un fanal que les aquilons affailliffent, & dont une haleine de vent peut éteindre la flamme ? un fanal dangereux de qui les étincelles difperfées au gré des fuperftitions, des reffentimens & des intéréts mobiles & déguifés, peuvent porter au loin les incendies ; & à la place d'un monftrueux coloffe d'Etat, ne laiſſer bientôt plus qu'un théatre fumant & couvert des débris de révolutions inévitables !

L'imagination de Fénélon, la douce ſenſibilité de ſon ame reconnoiſſante & facile, purent lui faire déïfier ſans examen, la chimere à laquelle le ſévere & profond Harrington prouva combien il étoit dangereux de croire. Mais ces réveries d'une belle ame, (ſi tout autre que Fénélon les eut écrites, je dirois ces brillans menſonges d'un flatteur éloquent) ont-elles pu abuſer ou entraîner la noble & brûlante énergie de Monteſquieu ? Inſtruit par les calamités continues & réitérées des nations, il ſut que c'étoit à ces calamités ſeules à les ramener enfin, à travers des ſiécles de vertiges & de fureurs, aux vérités qu'il fit entrevoir. Manifeſtement, Monteſquieu penſa beaucoup plus qu'il ne crut à-propos d'exprimer ; & ce qu'il exprima conduit l'homme capable & digne de le lire, à penſer auſſi profondément que lui-même.

Mais au moment où ma plume révéle ces ſecrets d'une ame généreuſe & d'un grand génie, une voix ſemble ſortir du ſein des monumens !

« Arrête, me dit cette voix, arrête, indiſ-
» cret panégyriſte ! tremble de retarder, en
» developpant trop-tôt mes oracles, les effets
» déſirables pour l'humanité, que j'oſois m'en
» promettre. Tes contemporains te ſemblent-

» ils donc affez avancés pour que tu leur en
» révèles toute l'étendue ?

» Ces hommes qui, commettant autrefois
» le plus inconféquent & le plus hypocrite de
» tous les facriléges contre l'Auteur bienfai-
» fant & commun de l'humanité, nous ont an-
» noncé, comme fes Loix, l'efclavage de nos
» foibles penfées, la fervitude de nos per-
» fonnes, le facrifice de nos peines & de nos
» fubfiftances ; ces hommes contraftes revol-
» tans de tout ce qu'ils préchent, adverfaires
» les plus effrontés & les plus dangereux des
» maximes émanées de leurs bouches, par les
» richeffes qu'elles profcrivent, par des mœurs
» affreufes, par l'ambition effrenée qu'elles
» condamnent ; ces hommes plus odieux parce
» qu'ils font, par la raifon même qu'ils feroient
» plus vénérables parce qu'ils devroient être ;
» ces hommes font-ils décidément accablés
» fous les juftes reffentimens de la raifon dé-
» fabufée ? Ont-ils été réduits à rompre, à la
» face des humains, le pacte qu'ils contrac-
» terent avec la tyrannie, dans des âges de vio-
» lence & de ténébres, aux dépens de la cré-
» dulité & du travail infatigable & ingrat ? Ou
» bien cette infatiable & farouche tyrannie,
» à qui ils avoient fait mordre leur frein facré,
» les a-t-telle donc pris pour fes dernieres &
» fes plus graffes victimes ?

» Quand même l'opinion fe feroit dégagée
» de cette chaîne d'impoftures fous laquelle

» ces hommes la tenoient humblement captive ;
» dis-moi, l'opulence que ces impostures fer-
» virent à leur procurer, n'est-elle pas encore
» dans leurs mains impies ? & si elle leur est
» restée, n'y met-elle pas, par contre-coup,
» la puissance, le crédit vénal, la considération,
» que l'oppression est toujours prête à servir,
» & par qui les lumieres & le cri de la liberté,
» sont toujours étouffés ?

» Cet autre fanatisme, non moins aveugle
» & moins fatal, transmis, durant des siecles,
» de légistes ignares jusqu'à des légistes im-
» passibles & nuls par l'habitude qu'ils ont
» des absurdités d'une jurisprudence barbare,
» ce fanatisme apperçu, décrié dans le monde
» par celui même qui s'en pénetre dans les Tri-
» bunaux, en est-il moins dans toute son activité ?
» L'automate plein de morgue & dénué d'ému-
» lation & d'énergie, qui prononce sur l'exis-
» tence & le sort de ses Concitoyens, est-il
» meilleur qu'il n'étoit, il y a près d'un siécle,
» quand il s'étonnoit d'entendre ma voix, &
» de me voir assis à ses côtés ? Leur funeste
» ineptie a-t-elle cessée d'être suppléée par la
» suffisance & la présomption de ces gagistes,
» qui, dans l'obscur cahos de tant de Loix à
» deux tranchants, toujours trouvent un fil
» pour conduire, dans le sein du secret, le crime
» au triomphe, & une fosse pour y précipiter
» l'innocence ?

» Dans les jours de cabales & d'humeur,

» ces Pygmées ne crient-ils plus, en la seule
» faveur de leurs prérogatives, *conftitutions*,
» *capitulaires*? Pour fe donner, pour fe con-
» ferver leur importance tyrannique & inac-
» tive, n'invoquent-ils donc plus des inftitu-
» tions de pure forme, fans efficacité & fans
» vigueur, dont eux-mêmes fentent le néant
» effectif, & veuillent perfévérer à pallier le
» ridicule augufte ?

» Répons-moi, Panégyrifte perfide & en-
» thoufiafte! à quoi t'es-tu apperçu, parmi
» les hommes de ton tems, que jamais Montef-
» quieu ait exifté; ou que fa plume & fa voix,
» confacrées à effrayer la perverfité & la cor-
» ruption radicale dans tous les ordres d'une
» burlefque hiérarchie, aient efficacement
» rapproché les efprits & les chofes de ce
» vœu louable d'un homme, d'un Citoyen &
» d'un vrai Magiftrat?

» Au contraire, hélas! me femble pour-
» fuivre, avec un redoublement d'amertume,
» l'ombre augufte de ce grand Homme; au
» contraire, ces nobles, ces guerriers du
» moins, dont les ayeux furent chevalerefques
» & barbares, & qui eux-mêmes ne font
» que fouples, enyvrés & frivoles; ces guer-
» riers, inftrumens de la fervitude, eux-mêmes
» affervis à l'injuftice inconféquente, bizarre,
» hautaine de Plébeiens devenus Satrapes actifs;
» ces guerriers que tu as vus verfer leur fang
» pour *la liberté* dont des nations *nouvelles*
» fe

» se sont rendues dignes, sans eux-mêmes en
» connoître la douceur & le prix ; ces guer-
» riers, parmi eux, t'en présentent-ils un seul, un
» seul, dis-je! qui ne soit point le contradicteur
» des maximes que tu tiens de moi ; & qui,
» peut-être au moindre signe, ne devînt ton…?
» Je m'arrête ; tu frémis! & tu m'as compris!

» Perds, sur-tout, perds l'espoir insensé de con-
» vertir ou d'émouvoir même, ces publicains
» gorgés du sang & abreuvés des larmes de vingt
» millions de misérables, par les conséquences
» des grandes vérités, que jadis moi-même j'en-
» fouis en quelque maniere, dans ma pensée, &
» que je refusai prudemment, à la sensibilité
» de mon ame, la satisfaction de développer.

» Ces étincellantes vérités à la bouche, jamais
» tu ne serois admis à percer le grouppe, dont
» ces fléaux des peuples environnent, dont ils
» pressent les modernes Narcisses, ennemis éga-
» lement du maître & des sujets, de qui la
» coalition, troquant l'impunité assurée contre
» l'or de ces vampires, forme avec eux, une
» ligue inattaquable & dévorante. Imites-moi,
» ne me loue qu'avec l'adroite & délicate cir-
» conspection dont j'usai pour faire soupçon-
» ner ces tristes vérités, dans un âge qui n'étoit
» pas digne d'un plus généreux effort.

» Comme ce Machiavel, de qui les écrits,
» durant deux siecles, furent calomniés par
» des persécuteurs intéressés, & resterent fer-
» més, inconnus & proscrits devant des escla-

» ves crédules ; comme cet Harrington mécon-
» nu & dédaigné par de serviles Concitoyens,
» que la fin d'une tyrannie éventuelle rendit,
» durant quelques années à une plus grande
» tyrannie héréditaire, je dois attendre du
» tems & des calamités senties, non--seulement
» des oiseux panégyriques, mais les seuls tri-
» buts d'éloges qui soient dignes de moi, la
» liberté & le bonheur des humains.

» Alors, à travers les paisibles trophées de
» la justice épurée & reproduite, à travers les
» trophées renaissans & soutenus du commerce,
» je verrai tomber le Despotisme, au front d'ai-
» rain & aux pieds d'argile, sous les coups de
» la raison vengeresse ; & mon ombre sera plei-
» nement honorée par cette hécatombe !

» Homme d'un siecle esclave ! ne t'exposes
» point vainement & sans fruit ; n'anticipes pas
» sur le droit qu'auront de louer ma mémoire,
» les enfans de la liberté, qui sont à naitre.
» Pour qu'on t'écoutât, pour qu'on pût me
» comprendre, il seroit nécessaire au moins
» que tu eusses à parler à des hommes ; mais
» ta voix retentit parmi des enfans de douze
» siecles. Tu les reconnoîtras au pusillanime
» refus du laurier que tu poursuis ! »

O raison ! ô vérité ! ô Montesquieu ! toi leur
noble interprete ! je vous entends, & le pinceau
tombe de mes mains.

Ages plus heureux ! générations auxquelles
il est réservé de faire, à la mémoire de ce grand

Homme, la juſtice que réclament ſes mânes généreux ; peut-être m'en ferez-vous une auſſi ! Vous n'oublierez-pas, qu'avant vous, il exiſta un Citoyen, qui, aux pieds de la tombe de Monteſquieu, arbora le chapeau fier & modeſte de la liberté ; qu'il oſa en parler en préſence de mortels, comparables peut-être, lorſqu'ils veuillent juger l'éloge de Monteſquieu, à des aveugles qui, dans leurs académiques aſſiſes, ſe feroient propoſés d'aſſigner le prix à la meilleure théorie ſur la lumiere & les couleurs !

FIN.